MORT

DU FILS

DE NAPOLÉON,

ET DÉTAILS TRÈS-CURIEUX

SUR SES DERNIERS MOMENS.

Le fils de Napoléon est mort. Cette nouvelle, depuis long-temps prévue, a produit
dans Paris une sensation douloureuse, mais
calme. Cette fin obscure d'une vie à laquelle
de si belles destinées avaient été promises,
ce pâle et dernier rayon d'une gloire immense
qui achève de s'éteindre, quel sujet de tristes

méditations! le deuil du peuple sera profond et sincère; car c'est dans le peuple, surtout, que les souvenirs de la gloire impériale ont laissé des traces durables.

Nous manquons encore de détails sur les derniers momens du fils de Napoléon. Sa mort était entourée de mystères, comme l'avait été sa vie. On assure pourtant qu'il en a vu les approches avec une fermeté d'âme digne de son père : quand il a compris que l'heure fatale était venue, il a disposé du peu qui lui restait de biens, conformément aux volontés exprimées jadis par l'empereur des français, en faveur du jeune Louis-Napoléon, fils de l'ex-roi de Hollande, qui a combattu dans les rangs des derniers défenseurs de la liberté italienne. On ajoute qu'une lettre écrite par l'illustre mourant pour annoncer à son cousin cette disposition, contient le témoignage des peines qui ont empoisonné et sans doute abrégé son existence.

Cette existence a dû être bien amère. Arraché dès le berceau à sa patrie et à sa famille pour être relégué dans une prison somptueuse; privé de guides à l'âge où sa raison avait tant besoin d'être dirigée , soumis à une étiquette tyrannique, étranger au milieu d'une cour qui l'assiégeait d'hommages suspects; à qui pouvait-il se confier, si ce n'est à des surveillans chargé de le tromper, peut-être de le pervertir? Auprès de qui s'informer de ce qu'il lui importait le plus de connaître, de son sort, de son avenir, de ses devoirs? Ses précepteurs lui ont, a-t-on dit, laissé ignorer long-temps jusqu'à l'histoire de son père.

S'il faut en croire le peu d'amis auxquels il a été permis de l'approcher, le jeune Napoléon avait reçu de la nature un esprit droit et un cœur généreux, présens stériles qui n'ont servi qu'à lui rendre sa servitude plus pesante, et lui faire accueillir la mort comme un bienfait. Sa vie s'est terminée à propos pour la gloire du nom qu'il portait. Il n'aura pas traîné ce grand nom dans un long désœuvrement; il ne l'aura pas déshonoré au service de la politique des cours ou des factions; il n'aura pas joué le rôle ridicule ou odieux d'un prétendant, et l'histoire n'aura pas à lui reprocher d'avoir été le fléau de son pays.

La personne du jeune Napoléon a été entre les mains de l'Autriche, tour à tour un objet de terreur pour elle-même et un épouvantail pour la France de la restauration. Son nom seul, prononcé par M. Metternich, eût fait trembler Louis XVIII et Charles X, et aurait suffit pour réprimer toute tentative contraire à la politique autrichienne : et pourtant la prudence n'aurait pas permis de réaliser la menace qu'un tel nom exprimait. Cette menace n'aurait pas été sans effet, même après la révolution de 1830, sur les hommes d'état qui ont présidé à notre politique, bien qu'elle n'eût pas été plus sérieuse aujourd'hui qu'à une autre époque. Voilà l'Autriche à la fois délivrée de l'effroi qu'elle éprouvait, et désarmée de l'instrument de trouble dont elle disposait contre nous.

Napoléon II avait en France, sinon un parti, au moins de nombreux partisans. C'est un héritage que les fonctions vont se disputer entre elles, et disputer au gouvernement, et qui restera à celui qui saura rallier les masses populaires aux véritables intérêts de la patrie.

(*Constitutionnel.*)

La mort a terminé à quatre heures et demie, le 22 juillet dernier, au chateau de Schœnbrun, les longues souffrances du duc de Reichstadt. Le jeune prince s'est éteint doucement. Ce triste événement étant depuis long-temps prévu, S. M. l'empereur, avant son départ pour l'Italie, avait déjà ordonné que, s'il arrivait pendant son absence, les restes mortels du prince fussent déposés dans le caveau de la famille impériale, et que les mêmes honneurs leur fussent rendus qu'à ceux des archiducs d'Autriche. Les funérailles ont eu lieu le 24 juillet. On a fait le même jour les préparatifs nécessaires pour le départ de l'archiduchesse Marie-Louise, sa mère.

(*Courrier français.*)

— Les restes mortels de feu le duc de Reichstadt, décédé le 22 juillet au château de Schœnbrun, à 5 heures du matin, ont été exposés à la vue du public le mardi 24, à 8 heures du matin, dans l'église paroissiale du palais. A deux heures après-midi, le cœur du prince défunt a été porté à la chapelle de Lorette, dans l'église des Augustins; immédiatement après, les intestins du prince ont été portés à l'église de Saint-Etienne, et à cinq heures de l'après-midi, le corps a été déposé avec la solennité et les cérémonies ordinaires dans le caveau de la famille impériale, au couvent des capucins. Les services funèbres ont eu lieu le mercredi et le jeudi 25 et 26 juillet, aux heures accoutumées, dans l'église paroisslale du palsis. Le deuil a été pris, selon l'ordonnance de S. M. I., le 24, jour des funérailles, et sera porté pendant six semaines, dans les quatre premières, c'est-à-dire, depuis le 24 juillet jusqu'au 20 août, en grand deuil, et depuis le 21 août jusqu'au 3 septembre en demi-deuil.

(Observateur autrichien.)

NOUVELLES DIVERSES

DE L'ALLEMAGNE.

(Correspondanee particulière du Constitutionnel.)

Fraucfort–sur–le–Mein 28 juillet, 1832.

La mort du jeune Napoléon a produit ici une profonde sensation. Les amis de la France regrettent en lui le fils du grand homme que l'Allemagne, pour un moment, et à juste titre, a pu haïr, mais qu'elle a toujours admiré et qu'elle a fini par aimer, car Napoléon, conquérant dans notre pays, y a semé les principes de liberté et d'égalité, dont nos princes, eux qui, sans le secours de leurs peuples, seraient encore écrasés sous le joug étranger, veulent aujourd'hui étouffer les germes.

Si, au sentiment douloureux que fait naître la nouvelle de Vienne, il pouvait s'allier une idée consolante, ce serait celle — ci : par l'événement qui prive l'Autriche d'une ressource dont elle aurait pu profiter contre le gouvernement français, ce dernier acquiert nécessairement une plus grande force. Le cabinet d'Autriche a toujours regardé la personne du duc de Reichstadt comme un moyen de menace contre le gouvernement français, tant contre le gouvernement actuel que contre celui qui le précédait. M. de Metternich l'a dit bien des fois d'une manière assez explicite : « Le gouvernement français croit que c'est dans son intérêt que nous gardons Reichstadt ; mais c'est aussi un peu dans l'intérêt Autrichien. » Cet état de choses vient de cesser, et la nouvelle force que le cabinet français acquiert par un événement funeste en lui-même, pourra avoir en même temps d'heureux résultats pour l'Allemagne constitutionnelle, car désormais la France pourra plus facilement chercher à affaiblir les trois puissances de la sainte-alliance, en consolidant les constitutions et les libertés des états allemands intermédiaires.

Si le cabinet des Tuileries veut entrer dans cette voie, utile en même temps aux intérêts

français et aux nôtres. l'occasion pour commencer est toute prête. Le co-régent de Hesse-
Cassel, docile aux insinuations de l'Autriche
et de la Prusse, vient de dissoudre brusquement une chambre, dont tout le crime
avait consisté dans son zèle pour les libertés
raisonnables du pays et dans sa sympathie
pour les principes constitutionnels de la France
de juillet. Qu'arrivera-t-il après cette dissolution ? Les Hessois, soyez-en certains, éliront
une chambre plus prononcée encore. L'Autriche et la Prusse engageront le co-régent à
la dissoudre une seconde fois à la façon de
Polignac, ou bien elle demanderont l'abolition
entière de la constitution hessoise. Abolir les
chartes allemandes, c'est contraire aux traités
qui existent entre la France, et les autres états
et comme cette mesure serait sans doute pernicieuse aux intérêts français, n'est-il pas urgent que le cabinet des Tuileries proteste
dès aujourd'hui contre une telle entreprise
des puissances absolues ?

Cette protestation paraîtra d'autant plus
nécessaire, que c'est par la force des armes que
l'Autriche et la Prusse prétendent exécuter
leurs desseins. Le protocole de Francfort s'exprime clairement a ce sujet. Déjà, à ce qu'on
assure, l'armée prussienne est au moment
pe faire une invasion dans la Hesse électorale. On ajoute que la Prusse, enrôlant dans
son armée les soldats des états secondaires,
les fera marcher contre les pays Allemands les
plus rapprochés de la France. Il en résulterait
que bientôt toutes les forces de l'Allemagne,
réunies sous un généralissime austro-prussien,

se trouveraient sur les frontières françaises. C'est le moment pour la presse française de veiller à la sûreté du territoire français, car, cette fois-ci, un nouveau Brunswick disposerait d'une armée bien autrement nombreuse que ne l'était celle du dernier siècle.

— On écrit de Marbourg que trois habitans de cette ville ont été conduits devant la police, pour avoir porté la cocarde allemande aux trois couleurs. Mais la direction de la police les a déclaré non-coupables. C'est ainsi que la résistance contre le protocole s'organise et s'exécute jusque dans les hôtels des préfets de police.

Le vingt-six juillet, à dix heures, l'assemblée des Etats ayant à peine commencé ses délibérations, le commissaire électoral, contre toute attente, s'élança brusquement à la tribune, et demanda la parole pour une communication du gouvernement. L'ayant obtenue, il prononça la dissolution de l'assemblée, en ajoutant que celle-ci allait être renouvelée intégralement d'ici à six mois.

Ce coup d'état a produit une sensation très-vive, et dans ce moment une grande fermentation règne parmi la population qui a été prise vraiment à l'improviste.

Il est à croire qu'il n'y aura pas d'explosion parce qu'on craint l'intervention des Prussiens, qui sont réunis en nombre considérable sur nos frontières, et que le ministère n'hésiterait pas à faire venir à son secours, au risque même de compromettre l'indépendance de la Hesse.

On lit ce qui suit dans le *Courrier Français* :

Le fils de Napoléon a terminé sa longue agonie le 22 juillet. L'Europe apprendra sa mort par quelques articles de journaux; elle apprit sa naissance par les salves de l'artillerie française, qui retentirent depuis les frontières de la Russie jusqu'au détroit de Reggio et à la baie de Cadix. La France, désabusée des splendeurs de l'empire qui lui coûtèrent si cher, n'en conservait pas moins pour ce jeune prince cette sorte d'intérêt affectueux que fait naître la communauté d'infortune, car ce furent nos désastres qui fermèrent la vaste carrière ouverte devant lui; ce fut la chûte de notre puissance qui le dépouilla de ses grandeurs et le jeta sous un ciel étranger. Il a été frappé par nos revers, il a souffert de nos malheurs. Est-il vrai que dans la cour triste et silencieuse qu'il habitait, il ait ignoré pendant plusieurs années l'histoire de son père, et les destinées qui lui furent promises à lui-même? Qu'il ait dû cette révélation à la fantasque indiscrétion de don Miguel, et que son ame en ait été profondément frappée? il est certain du moins que sa jeunesse grave et recueillie fut sans joie et sans illusions; ses traits pâles étaient habituellement voilés par une teinte de mélancolie, soit qu'il sentit amèrement le malheur qui avait pesé sur son berceau, soit qu'il éprouvât les premières atteintes du mal auquel il a succombé, soit qu'il eût le pressentiment de sa fin prématurée. Est-ce le tableau de son père mourant onze ans avant lui dans la captivité;

est-ce l'oubli que fit sa mère du grand nom qu'elle avait porté. Les élans de son ame furent de bonne heure affaissés sous le joug méthodique de l'étiquette; environné de contrainte et de soupçon, il ne counut point les épanchemens d la confiance, et d'ailleurs le monde ne saura que sa mort; les paroles, les vœux, les regrets qui la précédèrent ne franchiront point l'enceinte du palais de Schœnbrunn Il a reçu dans ses derniers momens les soins de sa mère, soins consolans qui ne furent peut-être pas pour lui exempts d'amertume.

Napoléon-François-Charles-Joseph était né à Paris le 20 mars 1811. Deux jours avant sa mort, il avait accompli l'âge de vingt-un an et quatre mois. On dit qu'il aimait la France ; peut-être la mort l'a-t-elle bien servi en lui dérobant son avenir, et en le débarrassant du fardeau d'un nom trop lourd à porter.

On lit dans divers papiers publics ce qui suit :

Quand il parlait, il s'occupait toujours de son grand-père, l'empereur François. « At» telez, attelez, s'écria-t-il, il y a quelques » jours, il faut que j'aille au-devant de mon » grand-père, que je l'embrasse encore une » fois. »

Les médecins ont déclaré qu'il était mort attaqué d'une phthysie pulmonaire. Ce malheureux prince semblait prévoir sa triste fin, et il disait dernièrement : « Eh quoi! si jeune, » n'y a-t-il donc aucun remède? Ma nais» sance et ma mort, voilà donc quels seront » les seuls souvenirs! » Sa mère lui avait

envoyé le berceau de vermeil que lui avait
donné la ville de Paris; il le fit déposer au
trésor impérial, et rappelant cette circonstance,
il disait: « Comme ma tombe sera près de mon
» berceau! » Avant d'expirer, il adressa de
touchans adieux au pays qui l'avait vu naître,
et s'exprima ainsi : « Adieu belle France,
» adieu, peuple de héros! je meurs avec la
» douce consolation de n'avoir jamais porté
» les armes contre mon pays. Réunissez-vous
» tous autour du trône de juillet, ombragé
» par ces nobles couleurs qui rappellent tant
» d'héroïques souvenirs.... Puisses-tu, ô ma
» patrie être heureuse en dédommagement
» des travaux de tes valeureux enfans! Adieu
» donc, France chérie, je ne te verrai
« plus!...»

CHANSON.

Air des Trois Couleurs.

Il vous souvient de ce mortel unique
Dont l'univers admira les succès :
Il succomba, victime politique
De tant de rois qui furent ses sujets.
Son fils, hélas! vient de perdre la vie!
Seul rejeton du plus grand des héros;
Et il est mort, proscrit de sa patrie :
Français, versez des pleurs sur son tombeau.

Ah! disait-il, au sein de la souffrance,
Si jeune encor, hélas! faut-il mourir?
Il ne restera donc que ma naissance

Et que ma mort de mon seul souvenir !
Peuple Français, brave, fier et fidèle.
Oui, c'est à toi que j'adresse ces mots :
Sers bien ton roi, ton pays et ta belle :
C'est, de tous temps, le refrain des héros.

    Adieu, Français ! adieu, belle patrie !
Vingt fois adieu, je ne vous verrai plus.
Trop jeune encor, je vais quitter la vie,
Pour de mon père imiter les vertus.
Sur mon tombeau je veux cette legende :
Ci-gît le fils du grand Napoléon !
Si dans la tombe il fallut qu'il descende,
Pleurez, Français, l'unique rejeton.

ÉPINAL ; Imprimerie de P.-H.-Fagu